Immer wenn wir unser Heim festlich schmücken oder auch nur durch dekorative Kleinigkeiten vervollständigen möchten, ist Stroh ein geeignetes Material.
Stroh – auch Strohsterne – sind keineswegs nur in der Weihnachtszeit anwendbar. Davon wird Sie mein Büchlein überzeugen.
Aber natürlich spielen auch in diesem Buch die Strohsterne eine große Rolle. Ich stelle hier sehr unterschiedliche Modelle vor, die nicht zu schwer nachzuarbeiten sind.
Wer sich mit Sternen noch gar nicht versucht hat und nicht ganz zurecht kommt, den möchte ich auf mein Buch „Weihnachtliches aus Stroh" (TOPP 843) verweisen, in dem ich mit vielen Zeichnungen und mit Arbeitsfotos die Grundbegriffe des Bastelns von Strohsternen vermittle.
Stroh ist ein herrliches, natürliches Material. Es paßt so recht in unsere Zeit. Sicher werden auch Sie sich mit dem Stroharbeiten anfreunden.
Viel Spaß

delle
erforderlich.

ISBN 3-7724-0953-9 · Best.-Nr. 953

Auflage: 5.
Jahr: 1988 87 86

Letzte Zahlen maßgebend

frech-verlag
GmbH + Co. Druck KG Stuttgart
Druck: Frech, Stuttgart 31

Tips zur Verarbeitung von Stroh

Es gibt drei verschiedene Möglichkeiten, Stroh zu verarbeiten.

Ganze Halme
werden in der Regel in eingeweichtem Zustand vor allem für Strohfiguren und große Sterne verwendet.

Gebügelte Halme
für kleine Sterne, Strohbilder, Strohstreifen und Verzierungen. Die Strohhalme werden eingeweicht, mit einem scharfen Messer oder einer Schere der Länge nach aufgeschlitzt und flachgebügelt.

Ganze gebügelte Halme
sind eingeweichte Strohhalme, die (unaufgeschlitzt) flachgebügelt werden.

Einweichen
Je wärmer das Wasser ist, desto schneller können die Strohhalme verarbeitet werden (15 bis 60 Minuten).
Naturstroh, d.h. ungebleichtes Stroh, sowie Gras- und Binsenhalme haben eine längere Einweichzeit.
Gefärbtes Stroh sollte unbedingt, Farbe für Farbe getrennt, in *kaltem Wasser* eingeweicht werden, da sonst die Halme abfärben. Nur ganz weiche Halme weiterverarbeiten, da noch zu trockene Halme sehr leicht schlitzen und knicken.

Bügeln
Die eingeweichten Halme werden in feuchtem Zustand an einer Seite mit einem scharfen Messer oder einer Schere aufgeschlitzt und auf beiden Seiten flachgebügelt. Zum Schonen des Bügelteppichs kann eine dicke Lage Zeitungspapier als Bügelunterlage dienen. Läßt man das Bügeleisen (bei großer Hitze) über das Stroh gleiten, so erhält man gebräunte Halme.
Die eingeweichten ganzen Strohhalme (unaufgeschlitzt) von beiden Seiten flachbügeln.

Gebügeltes Stroh schneiden
Vor allem das Schneiden feiner Spitzen oder komplizierter Einschnitte bereitet oft Schwierigkeiten. Ein kleiner Trick verhindert, daß Zacken und Spitzen abbrechen: Vor dem Schneiden werden die betreffenden Halmenden auf der Rückseite mit Tesafilm beklebt. Bereits abgebrochene Spitzen können mit Hilfe von Tesafilm unauffällig angebracht werden. Die Sterne werden erst eingeschnitten, wenn sie fertig gebunden sind.

Ungebügeltes Stroh einschneiden
Grundsätzlich werden auch hier die Sterne erst eingeschnitten, wenn sie fertig gebunden sind. Wichtig ist auch, daß die Spitzen noch feucht sind, da sie sonst leicht splittern oder abbrechen. Ist das Nachschneiden der Spitzen erforderlich und der Stern bereits getrocknet, so kann er entweder ganz eingeweicht oder die entsprechenden Spitzen in ein nasses Frotteetuch eingeschlagen werden.

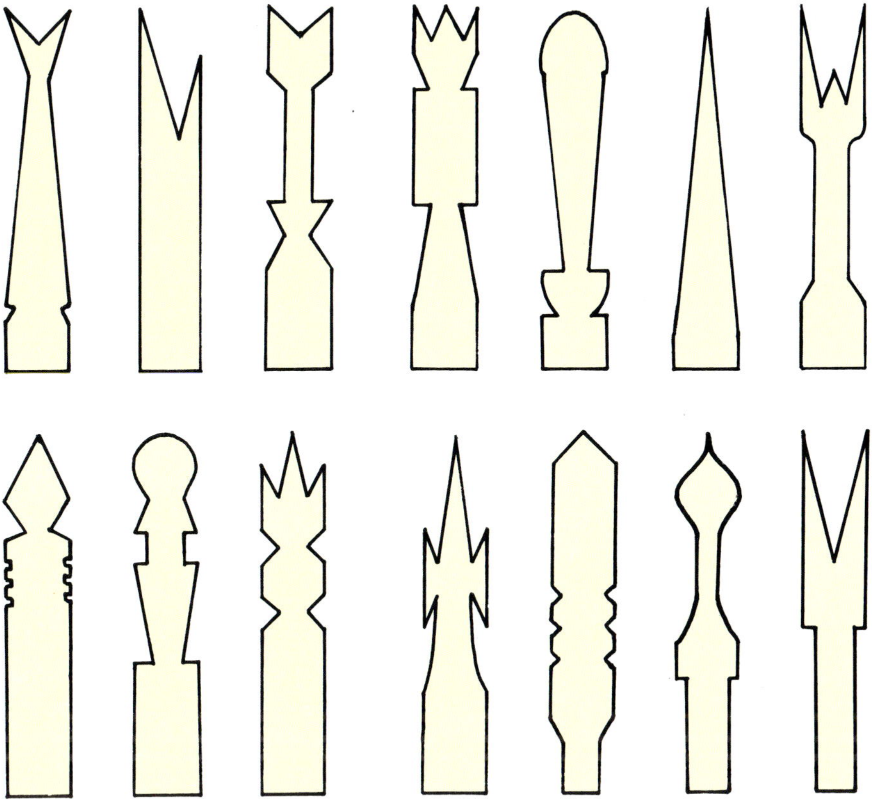

Es gibt viele Möglichkeiten, in gebügeltes Stroh originelle Verzierungen zu schneiden.

Bräunen von Stroh- und Grashalmen

Stroh- und Grashalme können auf drei verschiedene Arten gebräunt werden:

Mit dem Bügeleisen

Eingeweichte, ganze oder aufgeschlitzte Strohhalme mit dem heißen Bügeleisen auf der Vorderseite so lange plätten, bis die gewünschte Bräune erreicht ist.

Im Backofen

Ganze Stroh- oder Grashalme im Backofen bei niedriger Temperatur bis zum gewünschten Ton bräunen. Vorsicht! Das Stroh verbrennt leicht, deshalb nicht aus den Augen lassen!

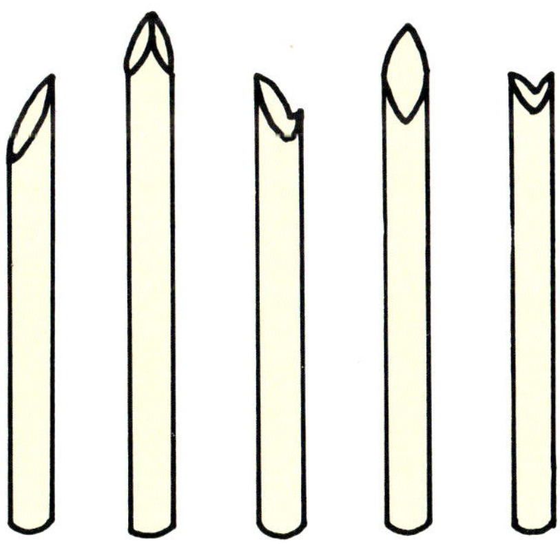

Ganze Halme können auf unterschiedliche Weise dekorativ ab- und eingeschnitten werden.

Auf der Herdplatte
Bereits fertige, große Strohsterne können, mit einem Wassertopf beschwert, für *einen Augenblick* auf die Herdplatte gelegt werden. Vorsicht! Auch hier kann der Stern leicht verbrennen. Keine Kunststoffäden verwenden, da diese bei großer Hitze schmelzen. Zum Binden dieser Sterne nur Fäden aus Naturfasern verwenden. Ist der Durchmesser der Herdplatte kleiner als der Stern, so wird nur die Sternmitte gebräunt (Beispiel Seite 40).

Strohfächer
Die eingeweichten Halme gleicher Stärke werden parallel nebeneinander gelegt, mit der rechten Hand beschwert und zwischen Daumen und Zeigefinger der linken Hand ca. 2-3 cm vom Halmende entfernt vorsichtig zusammengedrückt. Nun mit der rechten Hand die Halme direkt an der Druckstelle mit einem starken Faden umwickeln und fest zusammenbinden.

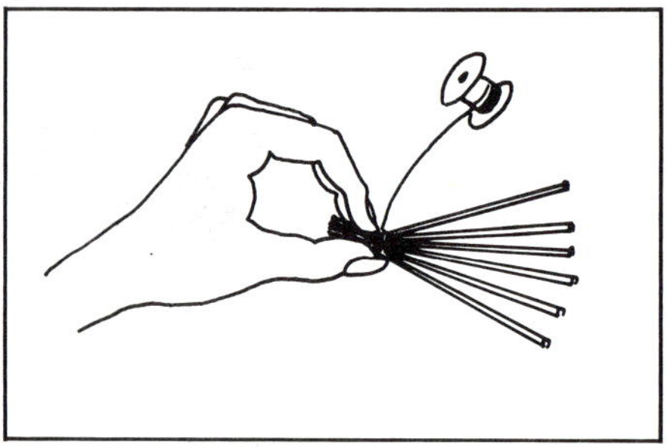

Nach dem Trocknen evtl. nochmals nachbinden. Bei 8 und mehr Halmen können zwei Fächer gebunden werden. Z.B. werden bei 10 Strohhalmen zwei Fächer à 5 Halme gefertigt, die dann wieder zu einem Fächer gebunden werden. Dieser zusätzliche Arbeitsgang verleiht dem Fächer mehr Stabilität und dem Stern ein gleichmäßigeres Aussehen.

Vierer-Stern
Wie der Name schon sagt, wird der Stern aus vier Halmen gebildet. Jeweils zwei gleichlange Halme werden so übereinandergelegt, daß zwei Kreuze entstehen. Beide Kreuze auf Lücke übereinanderlegen und nach Zeichnung 1b zusammenbinden. Der Stern kann entweder in der Hand oder auf dem Tisch gebunden werden. Zum Binden wird der Zeigefinger der linken Hand auf die Sternmitte gedrückt, während gleichzeitig mit der rechten Hand der Faden zwischen den Halmen durchgeführt wird.

Sechser-Stern
Dieser Stern wird aus sechs Halmen gebildet. Drei Halme so legen, daß sechs gleichschenkelige Dreiecke entstehen. Die anderen drei Halme auf Lücke darauflegen. Wie beim Vierer-Stern binden.

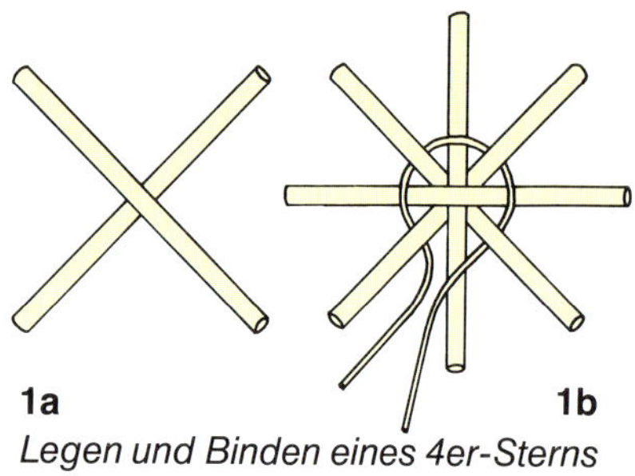

1a 1b
Legen und Binden eines 4er-Sterns

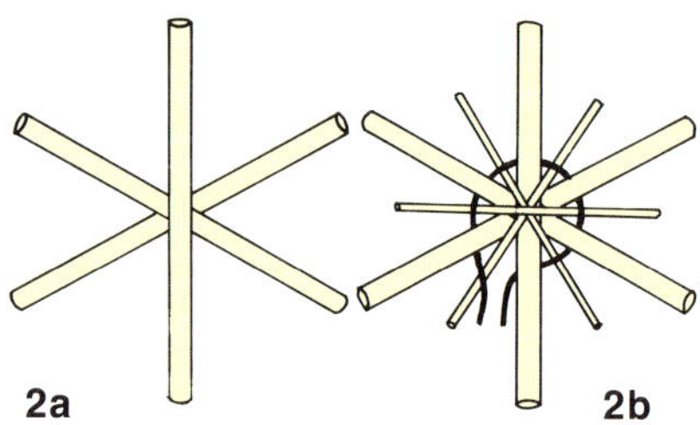

2a 2b
Legen und Binden eines 6er-Sterns

Ährenstern mit kleinen Sternen

Ährenstern mit kleinen Sternen 50 cm ∅

Material:
16 kleine Rauchweizenähren, Halmlänge 2 cm
1 Vierer-Stern aus 4 eingeweichten Strohhalmen, 9 cm lang
1 Vierer-Stern aus 4 eingeweichten dicken Strohhalmen, 16 cm lang
2 Vierer-Sterne aus je 4 eingeweichten Strohhalmen, 6 cm lang
8 nicht eingeweichte dünne Strohhalme, 13 cm lang
8 kleine Sterne:
aus je 8 eingeweichten dicken Halmen, 7,5 cm lang
Spitzen:
16 eingeweichte Strohhalme, 20 cm lang
16 eingeweichte Strohhalme, 11,5 cm lang

Den Stern 9 cm ∅ mit dem Stern 16 cm ∅ verweben.
Die beiden 6 cm-Sterne ebenfalls miteinander verbinden.
Beide Sterne versetzt aufeinanderlegen und verweben.
In die Halmenden des Sterns mit 16 cm ∅ werden die nicht eingeweichten Strohhalme eingesteckt und festgeklebt.
Rechts und links davon je einen 20 cm und 11,5 cm langen Halm nach Zeichnung festbinden.
Für die Spitzen je zwei Halme nach Foto zusammenbinden.
Auf die nicht eingeweichten Halme die kleinen Sterne aufstecken und festkleben.
In die kürzesten Halmenden des Innensterns die Rauchweizenähren einkleben.

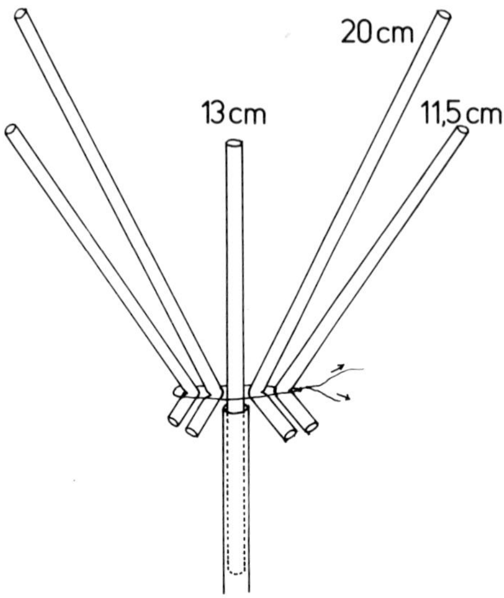

Kerzenhalter 22 cm ∅

Material:
12 eingeweichte dicke Strohhalme, 11 cm lang
24 Strohstreifen, 2 mm breit, 22 cm lang, aus gebügeltem Stroh
12 flach gebügelte Halme, 22 cm lang (aus ganzem Stroh)
1 Nagel
1 halber Korken

Aus den flach gebügelten Halmen zwei 6er-Sterne fertigen. Beide Sterne versetzt aufeinanderlegen und zu einem Stern binden.
Ebenso mit den 11 cm langen Halmen verfahren und diesen Stern mit dem Stern, 22 cm ∅, verweben.
Mittelpunkt des Sterns kennzeichnen. Auf einer dicken Lage Zeitungspapier mit dem Hammer den Nagel durch den Mittelpunkt des Sterns schlagen. Den Korken auf den Nagel schieben und mehrmals hin und her wiegen (damit sich der Korken nach dem Bekleben wieder leicht aufstecken läßt!).

Den Korken wieder abnehmen und die 24 Strohsterne so ankleben, daß die Vorderseite des Strohs auf den Korken kommt. Dazu kann man die Klebepistole verwenden. Den Korken mit einem breiten Strohstreifen umkleben, damit sich kein Strohstreifen lockert, und auf den Nagel stecken, dann mit Klebstoff befestigen.

Die Strohstreifen vorsichtig zwischen Fingernägeln entlangziehen, bis eine leichte Rundung entsteht (diese Arbeitstechnik sollte man vorher an ein paar Strohstreifen üben!).

Diese Streifen spitz zuschneiden und gleichmäßig in die kurzen Halme einkleben.

Vorsichtig die Kerze auf den Nagel aufsetzen (den Nagel evtl. vorher kurz erhitzen, damit die Kerze nicht springt).

Die restlichen Halmenden spitz zuschneiden.

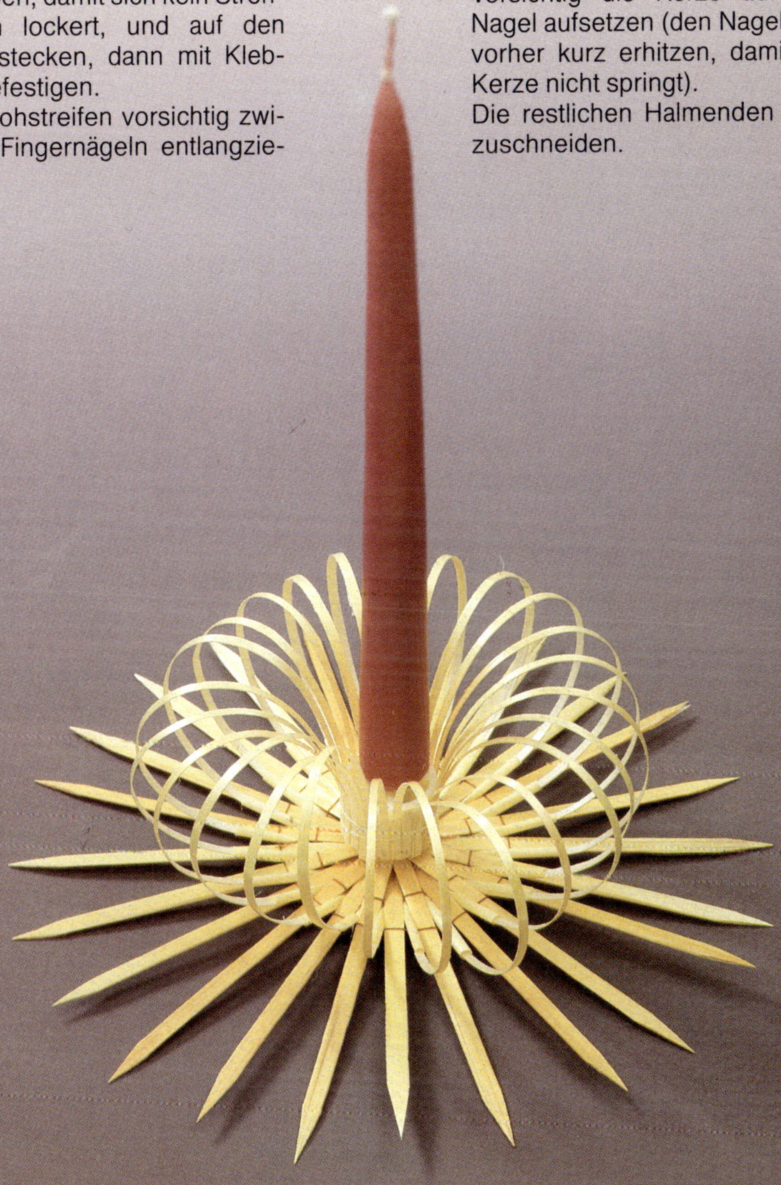

Strohfiguren im Haferkränzchen

Haferkränzchen

Die eingeweichten Haferhalme werden lt. Zeichnung nebeneinandergelegt und in Abständen von ca. 5 cm mit starkem Faden abgebunden (dabei die Halme jeweils nach der gleichen Seite knikken). Die abgebundenen Halme werden vorsichtig zu einem Kreis geformt. Wenn der gewünschte Durchmesser erreicht ist, werden am unteren Ende die beiden Halmstränge gegeneinandergelegt und so abgeschnitten, daß zusätzlich zum gewünschten Durchmesser noch jeweils ca. 6 cm überstehen. Dreimal im Abstand von ca. 3 cm abbinden. Als Aufhängung kann eine Masche angenäht werden.

Strohfiguren

Vier eingeweichte, mittelstarke Strohhalme von gleicher Länge (ca. 22 cm) werden parallel nebeneinandergelegt und auf einer Seite ca. 1 cm vom Halmende entfernt mit einem starken Faden zu einem Bündel zusammengefaßt. Dabei muß der Faden sehr fest angezogen werden. Die einzelnen Halme werden in vier Richtungen an der Bindestelle umgeklappt und nach 2 cm als Kopf nochmals fest abgebunden. Für die Arme wird ein ca. 14 cm langer eingeweichter Halm, durch den vorher ein Stück Blumendraht oder Pfeifenputzer gezogen wurde, knapp unter die letzte Bindestelle geschoben. In einen linken und einen rechten Halm wird jeweils ein weiteres Draht- oder Pfeifenputzerstück bis zum Hals hochgeschoben. Jetzt kann der Rumpf ca. 3 cm unterhalb des Kopfes abgebunden werden. Jedes Bein besteht aus zwei Strohhalmen, ein Halm ohne und ein Halm mit Drahteinlage.

Für die Knie werden die Beine nach ca. 3,5 cm abgebunden und nach hinten geknickt. Arme und Beine können *nur in nassem* Zustand geformt werden.

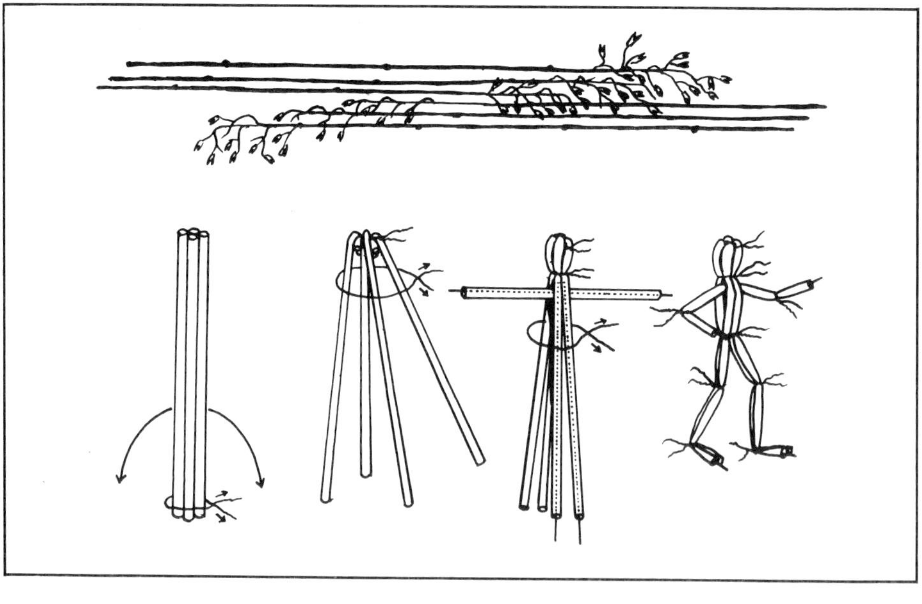

Kleidung
Kleider bzw. Umhänger der Figuren bestehen aus zwei gleich großen Rechtecken aus Filz oder Stoff, die rechts auf rechts bis auf 2 cm (Armschlitz) zusammengesteppt werden. Die Näharbeit umdrehen und am Hals mit einem Faden an der Figur zusammenfassen.
Die Hosen bestehen aus zwei schmalen Rechtecken. Zu einer Röhre zusammennähen und an der Figur jedes Hosenteil fassen.
Als Schuhe werden zwei kleine Filzstücke aufgeklebt. Das Kopftuch besteht aus einem Dreieck, das vorne zusammengenäht wird.
Leiter und Besen des Kaminfegers aus schwarzen Pfeifenputzern schneiden und zusammendrehen. (Haare der Pfeifenputzer kürzen.)

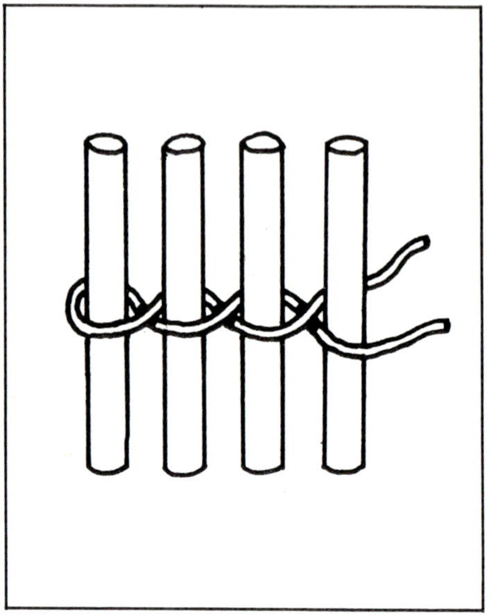

Getreidevase

Material:
48 eingeweichte Strohhalme, 20-30 cm lang
verschiedene Gräser und Getreidesorten
Bast, Blumendraht

Die 48 Halme werden parallel nebeneinandergelegt. In ca. 10 Halme wird jeweils ein Stück Blumendraht vorsichtig eingesteckt, die Halme dürfen dabei nicht aufgeschlitzt werden. Die Halme mit der Hand als Bündel fassen und nach ca. 15 cm abbinden. Die 15 cm langen Halmenden strahlenförmig spreizen und mit einem Baststreifen durchweben. Der so entstandene Stern wird, bis er trocken ist, rundum vorsichtig mit Büchern beschwert. Nach dem Trocknen werden in die 5-10 cm langen Halmbüschel in der Sternmitte die verschiedenen Gräser und Getreidesorten in die Halmenden eingeklebt. Zur Stabilisierung werden auch sie rundum mit Bast umflochten.

Fächergebinde mit Rauchweizen

Länge ca. 77 cm, Breite 24 cm, je nach Halmlänge

Material:
2 Langstrohhalme oder Halme der Rauchweizenähren, 49 cm lang
25 Rauchweizenähren mit Halmen
1,5 m heller oder brauner Bast

Die beiden Langstrohhalme überkreuzen und zusammen mit einer langen Rauchweizenähre festbinden.
An jeder Seite im Abstand von je 3 cm, an den gespreizten Langstrohhalmen 12 Ähren festbinden. Ein ca. 1,5 m langer Baststreifen wird doppelt gelegt und am linken Halm eingehängt. Nun werden die einzelnen Halme mit den beiden Bastenden umflochten (s. Zeichnung). Am rechten Halm werden die beiden Enden verknotet. Sämtliche Halme der Rauchweizenähren werden nun am unteren Ende zusammengebunden.

Fächergebinde mit Rauchweizen

Weihnachtliches Fächergebinde

Weihnachtliches Fächergebinde

Breite 29 cm, Länge 52 cm

Material:
2 starke eingeweichte Langstrohhalme, 43 cm lang
14 kleine Sterne, ∅ 5 cm, aus je 6 eingeweichten Halmen, 5,5 cm lang
1 kleiner Stern, ∅ 7,5 cm, aus 12 eingeweichten Halmen, 8 cm lang
27 eingeweichte Langstrohhalme, der längste Halm 46 cm, die restlichen Halme zu den Seiten hin kürzer.

Eine Variante des Gebindes in Fächerform, hier als weihnachtlicher Schmuck.

Aus den 12 Strohhalmen, 8 cm lang, zwei 6er-Sterne binden. Die beiden Sterne versetzt aufeinanderlegen und zu einem Stern verweben. Bis auf den Halm, mit dem der Stern später aufgesteckt wird, alle restlichen Halmenden im noch nassen Zustand V-förmig einschneiden.
Aus jeweils 6 Halmen, 55 cm lang, einen 6er-Stern binden. Dabei wieder bis auf ein Halmende alle restlichen Enden V-förmig einschneiden.
Die Langstrohhalme parallel nebeneinanderlegen (die längeren Halme in die Mitte), ca. 7 cm von einem Ende entfernt fest zusammenbinden.
Die 43 cm langen Halme an der Spitze mit dem mittleren langen Halm des Fächers zusammenfassen. Die 43 cm langen Halme von der Spitze her im Abstand von 2,5-3 cm markieren (14 Markierungsstellen), und die Halme des Fächers von der Spitze her der Reihe nach daran festbinden. Die kleineren Sterne auf jedes zweite Ende des Fächers aufstecken und festkleben.

Körbchen

Material:
Eingeweichte Haferstrohhalme unterschiedlicher Länge (Haferstroh ist am weichsten)

Aus drei ungleich langen, eingeweichten Haferstrohhalmen wird ein flacher Zopf geflochten, d. h. er wird in nassem Zustand flach gepreßt. Sind die Halme verarbeitet, werden weitere Halme angesetzt und der Zopf zu einem Strohband verlängert. Darauf achten, daß nicht alle drei Halme an der gleichen Stelle neu angelegt werden müssen.
Dieses so lange wiederholen, bis die gewünschte Länge erreicht ist. Vom Boden aus wird der Korb schneckenhausartig aufgebaut und die Bänder mit Faden zusammengenäht. Als einfache Alternative kann ein mit gebügeltem Stroh beklebter Pappboden verwendet werden, auf den die Steilwände angenäht werden.
Fertiggeflochtene Strohbänder sind auch im Handel erhältlich.

Aus dünnem Karton werden eine Röhre und für das Dach ein Kegel zusammengeklebt. Das Häuschen wird anschließend mit gebügeltem Stroh verziert.

Strohvögel und Vogelhäuschen

Material:
gebügeltes Stroh
eingeweichtes ganzes Stroh

Je nach Größe werden für den Vogelrumpf zwei bis drei ungebügelte, eingeweichte Strohhalme benötigt. Der erste Halm wird nach ca. 3 cm geknickt und ca. 6 mal umgeschlagen. Dasselbe kann mit einem dritten Halm fortgesetzt werden. Damit der Rumpf besser zusammenhält, werden durch den Rumpf von unten nach oben und wieder zurück mit Nadel und starkem Faden einige Stiche ausgeführt. Fadenenden gut verknoten. Für den Kopf genügt ein eingeweichter Halm, der aufgerollt und ebenfalls mit Nadel und Faden zusammengehalten wird. Nach dem Trocknen werden Beine, Schwanz, Schnabel und Flügel aus gebügeltem, aufgeschlitztem Stroh angeklebt.

Insekten

Material:
eingeweichtes Stroh, ca. 22 cm lang
Bast
Grasrispen
Blumendraht
gebügelte Strohstreifen zum Verzieren

6 bis 8 gleich starke, eingeweichte Halme werden nebeneinandergelegt und an einer Seite, ca. 1 cm von den Halmenden entfernt, mit einem starken Faden fest abgebunden. Die Halmenden werden über die Bindestelle umgeschlagen und nach ca. 1 bis 1½ cm als Kopf abgebunden.
Die Halme spreizen und drei weitere eingeweichte Strohhalme als Beine sowie zwei aufgedrehte Baststücke als Flügel einfügen. Nach ca. 3-4 cm wird der Rumpf abgebunden.
Die überstehenden Halmenden werden nach Belieben gekürzt und mit eingeklebten Grasrispen verziert. Damit die Beine ihre Form behalten, empfiehlt es sich, Blumendrahtstücke in die noch feuchten Halme zu schieben und die Beine entsprechend zu formen.

Kleine Strohsterne als Fenster- und Baumschmuck

Rustikaler Wandbehang

Material:
eingeweichte Halme verschiedener Getreidesorten
1 Holzstab, ca. 40 cm lang, 1 cm ∅
beiger Bast

Die Getreidehalme werden nebeneinander in der gewünschten Länge angeordnet. Der Holzstab wird, ca. 7-10 cm vom oberen Halmende entfernt, fest aufgedrückt und jeder einzelne Halm über den Stab geknickt. Die übergeschlagenen Enden zusammen mit den langen Halmen lt. Zeichnung mit Bast umflechten. Zwei weitere Flechtreihen anbringen und auf den fertigen Behang kleine Sterne oder sonstigen Schmuck aufkleben oder annähen.

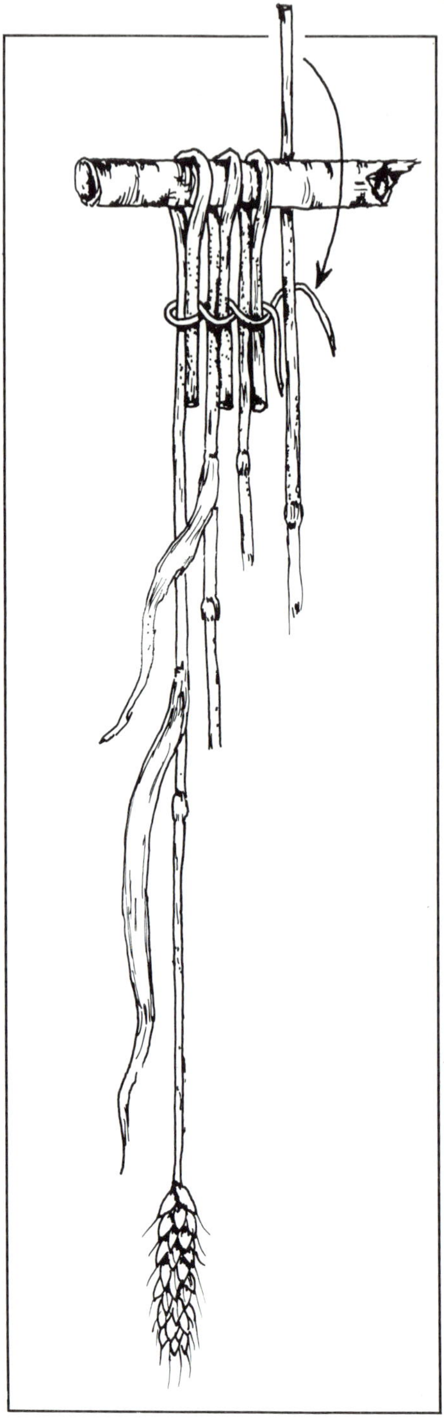

Ährenstern „Filigrannetz“
38 cm Ø

Material:
1 Stern aus 4 ganzen eingeweichten Halmen, 6 cm lang
1 Stern aus 4 ganzen eingeweichten Halmen, 38 cm lang
8 Rauchweizenähren, Halmlänge ca. 2,5 cm
je 8 Strohstreifen aus gebügeltem Stroh, 3-4 mm breit und 21 cm, 16 cm bzw. 11 cm lang

Die beiden 4er-Sterne versetzt aufeinanderlegen und miteinander verweben. Die Langstrohhalme (38 cm) von der Mitte aus nach ca. 9 cm, 14 cm und 18 cm mit Filzstift markieren. Je zwei der kurzen Strohstreifen links und rechts an der ersten markierten Stelle festbinden. Die Runde mit den restlichen kurzen Strohstreifen schließen. Die mittleren und langen Strohstreifen genauso anbringen.
Abschließend in jeden kurzen Halm eine Rauchweizenähre einkleben.

Kerzenhalter 37 cm Ø

Material:
4 eingeweichte dünne Strohhalme, 6 cm lang
9 eingeweichte mittlere Strohhalme, 19 cm lang
je 16 eingeweichte mittlere Strohhalme, 15,5 cm, 13,5 cm, 12,5 cm, 11,0 cm, 10,5 cm lang

Aus den vier eingeweichten, 6 cm langen Strohhalmen einen Stern binden. Acht Fächer aus den Halmen mit den angegebenen Maßen binden. Jedes Halmende des Innensterns mit Klebstoff bestreichen und den mittleren Halm (19 cm) der Fächer aufstecken und bis zur Bindestelle schieben.

Die jeweils gleich langen Strahlen der einzelnen Bündel miteinander verbinden.
Nach Belieben Spitzen zuschneiden.

12strahliger Fächerstern

59 cm ∅

Material:
Innenstern:
12 breite gebügelte Strohhalme, 22 cm lang
6 dicke eingeweichte Strohhalme, 22 cm lang
Fächer:
24 dicke eingeweichte Strohhalme, 22 cm lang
12 dünne eingeweichte Strohhalme, 22 cm lang
24 dünne eingeweichte Strohhalme, 17 cm lang
24 dünne eingeweichte Strohhalme, 14,5 cm lang
24 dünne eingeweichte Strohhalme, 12 cm lang
24 dünne eingeweichte Strohhalme, 10 cm lang
24 dünne eingeweichte Strohhalme, 8 cm lang

Für den Mittelstern jeweils zwei breite gebügelte Strohhalme aufeinanderkleben und einen 6er-Stern binden.
Mit den sechs dicken eingeweichten Halmen einen weiteren 6er-Stern fertigen und beide Sterne versetzt aufeinanderlegen und miteinander verweben.
Die aufeinandergeklebten Halme zuspitzen.
Die 12 Bündel lt. Zeichnung ausführen, dabei mit starkem Faden die Halme fest zusammenbinden. Die Bündel in die ganzen Halme des Innensterns einkleben. Unbedingt darauf achten, daß jedes zweite Bündel oben liegt.
Die dicken 22 cm langen eingeweichten Halme werden zusammen mit dem längsten mittleren Halm des dazwischen liegenden Bündels zusammengebunden.
Die Halmenden der Bündel werden gleichmäßig abgeschrägt.

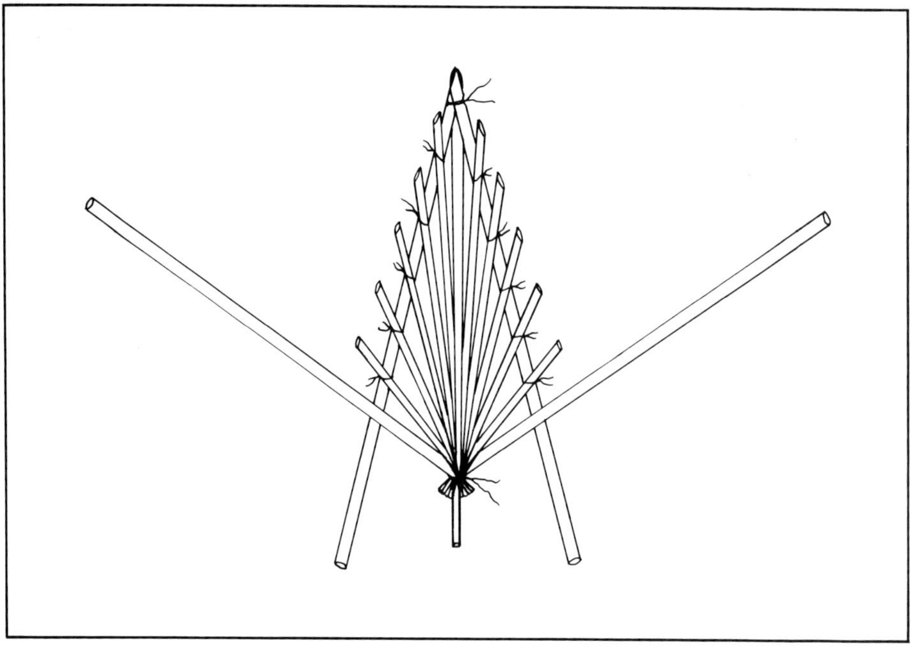

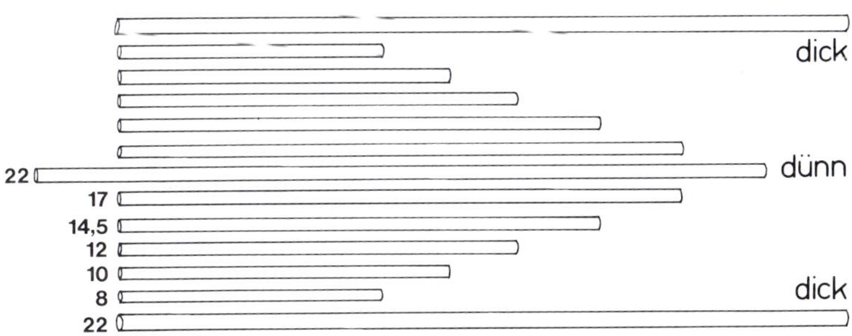
dick
22
dünn
17
14,5
12
10
8
dick
22

Stern als Christbaumspitze

Material:
6 breite gebügelte Strohhalme, 11 cm lang
3 eingeweichte dünne Strohhalme, 11 cm lang
6 eingeweichte mittlere Strohhalme, 22 cm lang
6 kleine Sterne:
pro Stern 5 eingeweichte dünne Halme, 5,5 cm lang
1 eingeweichten dünnen Halm, 7 cm lang

Jeweils zwei gebügelte Strohhalme aufeinanderkleben. Aus den drei gebügelten sowie aus den drei eingeweichten 11 cm langen Halmen einen 6er-Stern anfertigen. Die aufeinandergeklebten Strohhalme spitz zuschneiden.
Aus den 22 cm langen Strohhalmen ebenfalls einen 6er-Stern anfertigen.
Beide Sterne versetzt aufeinanderlegen und miteinander verweben.
Ca. 2 cm von der letzten Binderunde entfernt werden die langen Halme mit Filzstift markiert. Dort werden je zwei Halme zu den spitz geschnittenen Strahlen hin geknickt und an den Enden (siehe Bild) zusammengeknotet.
Aus fünf kurzen und dem langen Halm je einen 6er-Stern arbeiten; dabei den 7 cm langen Halm an einer Seite 1,5 cm überstehen lassen. Spitzen der kleinen Sterne V-förmig einschneiden. Die Sterne nun über die dünnen Halmenden (11 cm) schieben und festkleben.

Strohstern mit Rauchweizenähren und Filigranstreifen

Material:
12 eingeweichte mittlere Strohhalme, 22 cm lang
12 eingeweichte mittlere Strohhalme, 11 cm lang
24 gebügelte Strohstreifen, ca. 2 mm breit, 22 cm lang (+ Ersatzstreifen)
24 Rauchweizenähren, Halmlänge 3 cm

Zwei 6er-Sterne aus den 22 cm langen Halmen binden. Beide Sterne versetzt aufeinanderlegen und miteinander verweben.
Dasselbe mit den 11 cm langen Halmen.
Beide Sterne wieder miteinander verweben.

Die 2 mm breiten Strohstreifen zwischen zwei Fingernägeln vorsichtig entlang ziehen, bis eine leichte Rundung entsteht. Nun werden die Strohstreifen in die langen Halme wie folgt eingeklebt: Beim ersten Bogen werden die beiden mittleren Halme übersprungen, d. h. in den ersten und vierten Halm den Strohstreifen einkleben, dabei nicht zuviel Klebstoff verwenden. Den zweiten Bogen mit dem zweiten Halm beginnen, zwei Halme überspringen und in den fünften Strohhalm einkleben. Den dritten Bogen mit dem dritten Strohhalm beginnen. Den vierten Bogen beginnt man mit dem vierten Strohhalm (in diesem ist bereits der erste Bogen eingeklebt). Fortfahren, bis zum Schluß die letzten drei Bogen übrig bleiben. Diese werden hinter den schon eingeklebten Bogen in die Halme eingesteckt.
Zum Schluß werden die Rauchweizenähren gleichmäßig in die kurzen Halme eingeklebt.

Filigran-Sonne
46 cm ∅

Material:
90 eingeweichte dicke Strohhalme, 22 cm lang
18 Rauchweizenähren
6 eingeweichte mittlere Strohhalme, 10 cm lang
6 Baststreifen, je ca. 60 cm lang

Aus den 10 cm langen Halmen einen 6er-Stern binden und jedes zweite Halmende um 1 cm kürzen.
Strohfächer:
Jeweils 15 Strohhalme parallel nebeneinanderlegen, zwischen Daumen und Zeigefinger ca. 6 cm vom Halmende entfernt, fest zusammenpressen und mit einem starken Faden abbinden.
Eine runde Schablone aus Karton mit 6,5 cm ∅ herstellen und in sechs gleich große Teile schneiden. Die kürzeren Enden der Bündel werden mit Hilfe der Schablone spitz zugeschnitten.
Den mittleren Halm jedes Fächers auf einen langen Halm des Innensterns aufschieben und festkleben.
Die beiden äußeren Halme der Fächer werden um 8 cm gekürzt. In die Enden wird jeweils eine Ähre eingeklebt. Zusammen mit der dritten Ähre, die in die Mitte gelegt wird, werden diese beiden Halme fest zusammengebunden.
Die einzelnen Halme der Fächer werden umflochten und nach dem letzten Halm die beiden Bastenden verknotet.

Strohstern mit 8 Sternchen

47 cm Ø

Material:
32 eingeweichte Langstrohhalme (Naturstroh), ca. 46 cm lang
8 kleine Sterne, Ø 8 cm, aus 8 Halmen, je 7 Halme 8,5 cm lang, 1 Halm 14 cm lang

Aus den acht Halmen zwei 4er-Sterne binden. Beide Sterne zu einem Stern zusammenfassen; darauf achten, daß ein Halm an einer Seite länger ist. Bis auf den langen Halm alle anderen Halmenden in noch nassem Zustand V-förmig einschneiden.

Aus den 32 Langstrohhalmen acht Sterne mit je vier Halmen binden. Jeweils zwei Sterne versetzt aufeinanderlegen und miteinander verweben. Die vier daraus entstehenden Sterne nun zu zwei Sternen, dann zu einem Stern zusammenbinden. Die Halme in acht Gruppen zu je acht Halmen aufteilen und jede Gruppe ca. 8,5 cm von der äußeren Binderunde entfernt fest zusammenfassen. Die Bindestellen vorher unbedingt markieren.
Von jeder Gruppe die beiden äußeren Halme zur Seite knicken und je einen kleinen Stern dazwischenbinden.
Zum Schluß die Halmenden gleichmäßig abschneiden.

Offener Stern

47 cm ∅, Bild links

Material:
8 breite gebügelte Strohhalme, 14 cm lang
4 eingeweichte Langstrohhalme, 42 cm lang
8 kleine Sterne, pro Stern:
8 eingeweichte Halme, 7,5 cm lang
6 eingeweichte Halme, 11,5 cm lang
2 eingeweichte Halme, 20 cm lang

Für den Mittelstern jeweils zwei gebügelte Halme aufeinanderkleben und einen 4er-Stern binden.
Mit den vier Langstrohhalmen einen weiteren Stern fertigen, beide Sterne versetzt aufeinanderlegen und miteinander verweben. Die gebügelten Halme spitz zuschneiden.
Kleine Sterne: Aus den 7,5 cm langen Halmen zwei 4er-Sterne binden und diese zu einem Stern verweben.
Zwei 4er-Sterne aus drei 11,5 cm und einem 20 cm langen Halm binden, wobei der 20 cm lange Halm nur an einer Seite überstehen darf. Diese beiden Sterne werden so miteinander verbunden, daß drei kurze Strahlen zwischen den beiden langen Halmen liegen. Diesen Stern mit dem kleinen Stern verweben, und die Spitzen im feuchten Zustand, mit Ausnahme der beiden langen Halme, V-förmig einschneiden.
Die acht kleinen Sterne zwischen die Langstrohhalme des großen Mittelsterns legen und die Enden verbinden.

Sternsonne

39 cm ∅, Bild nächste Seite

Material:
8 eingeweichte dünne Langstrohhalme, 39 cm lang
16 eingeweichte Strohhalme, 13 cm lang
8 eingeweichte dünne Strohhalme, 20 cm lang
Strohblumen
8 kleine Sterne:
aus je 7 Halmen, 6 cm lang und 1 Halm, 7 cm lang

Aus den acht Langstrohhalmen zwei 4er-Sterne fertigen, versetzt aufeinanderlegen und miteinander verweben.
Mit den acht Strohhalmen, 20 cm lang, wiederholen.
Aus den 16 Strohhalmen vier Sterne binden. Jeweils zwei Sterne versetzt aufeinanderlegen und miteinander verbinden. Beide Sterne wieder verweben. Diese beiden Sterne versetzt aufeinanderlegen und verweben.
Kleine Sterne:
Aus je vier Halmen (sieben Halme 6 cm lang und ein Halm 7 cm lang) zwei 4er-Sterne binden. Beide Sterne zu einem Stern verweben. Darauf achten, daß ein Halm an einer Seite länger ist. Bis auf den langen Halm die restlichen Halmenden in noch nassem Zustand V-förmig einschneiden. In jeden vierten Halm des Innensterns einen kleinen Stern kleben.
Alle Enden der Halme nach Abbildung zuschneiden. Evtl. die Mitte mit Strohblumen verzieren.

Sternsonne

Stern mit Kreis- und Tropfenfiligran

Stern mit Kreis- und Tropfenfiligran
35 cm Ø

Material:
4 dünne eingeweichte Strohhalme, 26 cm lang
12 dünne eingeweichte Strohhalme, 9,5 cm lang
16 Streifen aus gebügeltem Stroh, 4 mm breit, 21 cm lang
8 kleine Sterne aus je 8 Halmen

Aus den vier langen Halmen einen 4er-Stern und aus den zwölf kurzen Halmen drei 4er-Sterne binden. Jeweils zwei Sterne versetzt aufeinanderlegen und miteinander verweben. Nun beide Sterne wieder zu einem Stern zusammenbinden. Die Spitzen zuschneiden. Sämtliche Strohstreifen vorsichtig durch Daumen und Zeigefinger ziehen, so daß eine leichte Rundung entsteht. Acht Streifen zu einem Ring kleben. Die Ringe zwischen den Langstrohhalmen einkleben.
Aus den restlichen Strohstreifen Tropfen formen und zwischen Ring und Langstrohhalmen einfügen.

Ährenstern 60 cm Ø

Material:
48 Rauchweizenähren, Halmlänge 3-4 cm
24 dicke eingeweichte Strohhalme, 22 cm lang
24 mittlere eingeweichte Strohhalme, 16 cm lang

Vier 6er-Sterne aus den 22 cm langen Halmen binden. Je zwei Sterne zu einem verweben. Anschließend die beiden so erhaltenen Sterne wieder versetzt aufeinanderlegen und zu einem Stern binden. Dasselbe mit den 16 cm langen Halmen wiederholen.
Beide Sterne versetzt aufeinanderlegen und miteinander verweben. In noch feuchtem Zustand die kurzen Halmenden V-förmig einschneiden.
In die Mitte eine halbe Styroporkugel kleben und mit Styroporkleber die Strohblumen befestigen.
Die Rauchweizenähren vorsichtig in die langen Halme des Sterns einkleben.
Die Sternmitte kann mit Kiefernzapfen verziert werden.

Eine Variante des Ährensterns

Zapfenstern

Ø 50 cm

Material:
Jeweils 6 eingeweichte mittelstarke Langstrohhalme, 22 cm, 32 cm und 42 cm lang, 3 eingeweichte mittelstarke Langstrohhalme, 34 cm lang, 3 eingeweichte mittelstarke Strohhalme, 5 cm lang.

Aus jeweils drei gleich langen Halmen insgesamt sechs gleichseitige Dreiecke binden. Jeweils zwei gleich große Dreiecke so aufeinanderlegen und zusammenbinden, daß ein sechszackiger Stern entsteht. Obenauf wird der zuerst gefertigte Stern so gelegt, daß seine langen Strahlen genau auf den Schnittpunkten der Dreiecksterne liegen. An diesen Punkten werden alle Sterne miteinander verbunden.

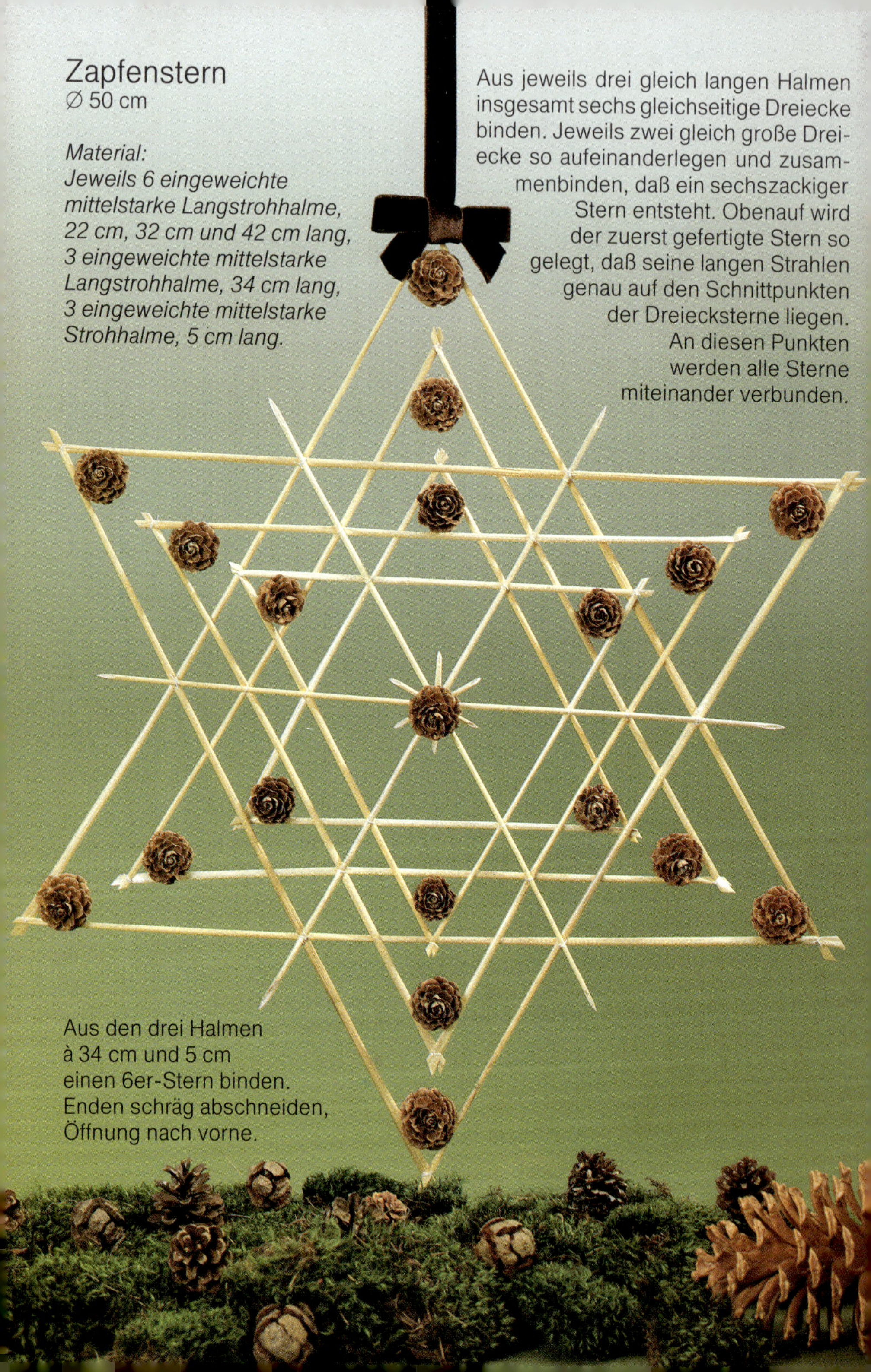

Aus den drei Halmen à 34 cm und 5 cm einen 6er-Stern binden. Enden schräg abschneiden, Öffnung nach vorne.

Großer Ährenstern

Großer Ährenstern

72 cm Ø
Abbildung umseitig

Material:
36 Rauchweizenähren, Halmlänge 3 cm
12 eingeweichte dünne Strohhalme, 16 cm lang
6 eingeweichte dicke Strohhalme, 22 cm lang
6 eingeweichte dicke Strohhalme, 16 cm lang
12 eingeweichte Strohhalme, 26 cm lang
je 24 eingeweichte Strohhalme, 21 cm lang, 16 cm lang
12 dünne Strohhalme, 10 cm lang

Aus den zwölf Halmen, 16 cm lang, einen Stern binden.
Ebenso mit den 22 cm langen und mit den dicken, 16 cm langen Halmen, je einen Stern fertigen. Beide Sterne miteinander verweben.
In die 22 cm langen Halme je einen dünneren, 10 cm langen Halm einkleben, so daß noch 1,5 cm überstehen. Beidseitig werden an diesen überstehenden Enden je drei Halme fest zusammengedrückt und gut abgebunden. Jedes zweite Bündel für die zweite Runde auslassen! In der ersten Runde werden jeweils 2 Halme, 16 cm lang, an den Enden zusammengebunden. Mit den 21 cm und 26 cm langen Halmen genauso verfahren (siehe Bild).
Den Stern umdrehen und die zweite Runde ebenso zusammenbinden.
Zum Schluß werden je drei Ähren in die kurzen dicken Halme geklebt.
Es ist ratsam, durch Zusammenbinden die Enden der Halme vor dem Ausschlitzen zu sichern.

Achtstrahliger Stern

53 cm Ø
Abbildungs rechts

Material:
8 Fruchtstände von Gräsern
24 eingeweichte Langstrohhalme, 43 cm lang

Vier 6er-Sterne binden. Je zwei Sterne zu einem Stern verweben. Anschließend die beiden so erhaltenen Sterne wieder versetzt aufeinanderlegen und zu einem Stern binden.
Je sechs Halme ca. 3-3,5 cm von der letzten Binderunde entfernt fest zusammenbinden. Die Bindestellen unbedingt mit Bleistift markieren, damit die Strahlen gleichmäßig werden. Für die Spitzen werden die Halme paarweise zusammengefaßt, siehe Bild. Länge der einzelnen Spitzen vom letzten Binden gerechnet: 9,5 cm/12,5 cm/15,5 cm.
Die Halmenden der Fruchtstände in Klebstoff tauchen und in die Mitte der zusammengefaßten Halme einkleben.

Sechsstrahliger Stern

ca. 50 cm Ø
Abbildung auf Seite 36

Material:
6 eingeweichte Langstrohhalme, 42 cm lang
6 eingeweichte dicke Strohhalme, 15 cm lang
6 kleine Grasbüschel
6 Rauchweizenähren, Halmlänge ca. 3 cm

Aus den 15 cm langen sowie den 42 cm langen Halmen je einen 6er-Stern binden. Beide Sterne versetzt aufeinanderlegen und miteinander verweben.

Jedes zweite Halmende des kleinen Innensterns bis auf 1 cm nach der letzten Binderunde kürzen.
Die Grasbüschel werden in die ungekürzten Enden der 15 cm langen Halme eingeklebt. Diese werden zusammen mit zwei langen Halmen, ca. 7 cm von der Sternmitte entfernt, fest zusammengebunden.
Mit den langen Halmen paarweise die Sternspitzen bilden.
Abschließend werden die Rauchweizenähren in die kurzen Halmenden des Innensterns eingeklebt.

Sechsstrahliger Stern

Stern mit 16 Fächern

45 cm Ø

Material:
16 kleine gleichmäßige Grasbüschel
8 eingeweichte dicke Halme, 8 cm lang
8 eingeweichte dicke Halme, 22 cm lang
Für die 16 Fächer: je 8 dünne eingeweichte Strohhalme, 12 cm lang
1 dünnen eingeweichten Strohhalm, 16 cm lang (Mitte).

Innenstern:

Aus acht kurzen Halmen und acht langen Halmen je zwei 4er-Sterne binden. Die beiden Sterne versetzt aufeinanderlegen und zu einem Stern verweben. Wiederholen bis ein Stern entsteht.

Fächer:

Jeweils acht Halme à 12 cm und in die Mitte einen 16 cm langen Halm parallel nebeneinanderlegen. Die Halme zu einem Fächer fest zusammenbinden, wobei der mittlere Halm, unterhalb der Bindestelle 4 cm länger sein soll (zum späteren Aufstecken auf den Innenstern). Mit Hilfe einer Kartonschablone werden die Fächer gleichmäßig zugeschnitten. Anschließend die Fächer mit den langen Mittelhalmen auf den Innenstern stecken und einkleben.

Als letztes werden die Grasbüschel in die kurzen Halmenden eingeklebt. Beim Arrangieren darauf achten, daß ein gleichmäßiger Kreis entsteht.

Offener Zackenstern oder Kerzenhalter

45 cm Ø

Material:
32 eingeweichte Langstrohhalme, ca. 50 cm lang

Aus je vier Halmen acht Sterne fertigen. Jeweils zwei Sterne versetzt aufeinanderlegen und miteinander verweben. Wiederholen, bis ein Stern entsteht.
Ca. 7 cm von der letzten Binderunde entfernt, aus jeweils acht Halmen jeden zweiten nehmen, fest zusammendrükken und abbinden. Bindestellen vorher markieren. Wir erhalten so acht Bindepunkte. Den Stern umdrehen und dasselbe mit den restlichen Halmen wiederholen, wieder acht Bindestellen.
Um die äußeren Sternspitzen zu erhalten, die Halme an den Bindepunkten paarweise spreizen und (siehe Bild) je zwei Paare als Spitzen verbinden. Stern umdrehen und dasselbe auf der Rückseite wiederholen.

Stern mit Goldborte

16 cm Ø

Material:
6 gebügelte ganze Strohhalme,
16 cm lang
6 gebügelte Strohstreifen, 8 cm lang,
0,8 cm breit
ca. 50 cm Goldborte

Zwei 6er-Sterne binden. Den Stern 16 cm Ø mit der Goldborte und den kleinen Stern mit einem hellen Faden binden.
Mittels Goldborte beide Sterne miteinander verweben. Die Enden der gebügelten Strohstreifen auf der Rückseite mit Tesafilm bekleben und vorsichtig einschneiden. Mit Bortenstücken abschließend die Sternspitzen verzieren.

Ähren-Filigranstern

45 cm Ø
Für Geübte!

Material:
24 eingeweichte ganze Strohhalme, 21 cm lang
24 eingeweichte ganze Strohhalme, 9 cm lang
12 dünne ganze Strohhalme, 16 cm lang,
24 dünne Strohstreifen, 21 cm lang
24 dünne Strohstreifen, 19 cm lang
24 dünne Strohstreifen, 17 cm lang
24 gleichgroße Rauchweizenähren
12 kleine Sterne, 5,5 cm Ø aus je 8 eingeweichten Strohhalmen

Je vier Sechser-Sterne 21 cm Ø und 9 cm Ø binden. Jeweils zwei gleichgroße Sterne miteinander verweben. Nochmals wiederholen. Die beiden Sterne miteinander verbinden.

Jeweils drei Strohstreifen (17, 19, 21 cm lang) werden mit einem Ende in den ersten Halm und mit dem anderen Ende in den vierten Halm des größeren Innensterns gesteckt. Die nächsten drei Streifen werden in den zweiten und fünften Halm des Sterns gesteckt. Weitere drei Streifen werden in den dritten und sechsten Halm des Innensterns gesteckt, usw. Sind alle Strohstreifen eingefügt, wird noch zusätzlich in jeden zweiten Halm des Innensterns ein dünner, 16 cm langer Halm eingefügt. Jetzt werden Strohstreifen und die 16 cm langen Halme mit Klebstoff bestrichen und wieder eingesteckt.
15 Spitzen der kleinen Sterne in noch nassem Zustand V-förmig einschneiden. Die kleinen Sterne auf die 16 cm langen Halme aufstecken und festkleben. Rauchweizenähren in den kleinen Innenstern mit 9 cm Ø einkleben.

Kerzenhalter

20 cm Ø

Material:
8 eingeweichte Strohhalme, 20 cm lang
8 eingeweichte Strohhalme, 8 cm lang
16 Strohstreifen, 18 cm lang, 3 mm breit
16 gleichgroße Trockenblumen (Immortellen o. ä.) ca. 1,5 cm Ø

Aus den 20 cm langen und den 8 cm langen Halmen je zwei Vierersterne binden. Jeweils zwei gleichgroße Sterne miteinander verweben. Die beiden so erhaltenen Sterne zu einem Stern verbinden. Die Halmenden des Außensterns nach Abbildung zuschneiden.
Die 16 Strohstreifen tropfenförmig zusammenkleben und in die Öffnungen des Innensterns einfügen.
Einen Trockenblumenring um die Kerze kleben.

Strohengel

Engel, rechts im Bild
Kopf: Acht eingeweichte mittelstarke (22 cm lange) Strohhalme bündeln und in der Mitte abbinden. An der Bindestelle werden acht Halme so umgeschlagen, daß alle 16 Halmenden in dieselbe Richtung zeigen. 1,5 cm unterhalb der Bindestelle fest abbinden.
Arme:
Vier eingeweichte mittelstarke (10 cm lange) Halme plattdrücken und in der Mitte abbinden. Zu beiden Seiten, nach jeweils 2 cm abbinden (Ellbogen), nach weiteren 2 cm nochmals wiederholen (Handgelenke). Die überstehenden Halmenden, siehe Bild, abschrägen.
Die 16 Halmenden vom Kopf in zwei Gruppen teilen und die Arme bis knapp unter die Bindestelle des Kopfes schieben.
Rings um den Körper werden als Kleid 12 eingeweichte mittelstarke Halme angelegt und festgebunden. Faden stark anziehen, mehrmals umwickeln und gut verknoten.
Der Rocksaum wird mit hellem Bast umflochten.
Flügel:
Pro Flügel werden drei gebügelte Strohstreifen (0,5 cm breit) in folgenden Längen benötigt: 22 cm, 19 cm, 16 cm.
Die Strohstreifen werden so angeordnet, daß der längste außen, der kürzeste innen liegt. Zwischen a und b (Zeichnung Seite 44) werden die Streifen mit Klebstoff bestrichen und, bis sie trocken sind, zusammengepreßt. Die Strohstreifen werden zwischen Daumen und Zeigefinger mehrmals durchgezogen, bis sie sich leicht wölben. Zuerst wird der innere Strohstreifen geknickt, mit Klebstoff bestrichen und an den drei gegenüberliegenden Streifenenden (zwischen a und b) angeklebt. Anschließend mit den beiden anderen Streifen genauso verfahren. Zur Befestigung der Flügel wird der Rücken mit Nadel und Faden zweimal durchgestochen. Fadenenden verknoten.

Kleiner Engel

Höhe ohne Flügel 10,5 cm,
mit Flügel 12,0 cm.

20 eingeweichte dünne Halme bündeln, ca. 0,5 cm von den Halmenden entfernt an einer Seite abbinden und alle Halme über die Bindestelle umschlagen. Nach 1 bis 1,5 cm zum Kopf abbinden. Nach weiteren 2 cm erneut zur Taille abbinden, jedoch zwei gegenüberliegende Halme nicht einbinden, da an ihnen später die Arme befestigt werden. Alle Halme ca. 7 cm unterhalb der Taille abschneiden. Der Rocksaum wird mit Bast umflochten.
An den beiden, für die Befestigung der Arme vorgesehenen gegenüberliegenden Halmen werden jeweils zwei dünne eingeweichte Halme angelegt und festgebunden. Die Halme werden umgeschlagen und jeweils nach 2 cm zum Ellbogen und Handgelenk abgebunden. Die Enden der Halme abschrägen.
Flügel:
Sieben Streifen aus gebügeltem Stroh: 13, 14,5, 16, 17,5, 19, 20,5, 22 cm schneiden. Die Streifenmitte mit etwas Klebstoff bestreichen und die Streifen Mitte auf Mitte stapeln.
Nach dem Trocknen des Klebstoffs werden die Streifen zwischen Daumen und Zeigefinger durchgezogen, so daß sich die Streifen wölben. Etwa 1 cm von der oberen Flügelspitze entfernt wird abgebunden, nachdem die Streifen lt. Abbildung angeordnet worden sind.
Die Flügel werden an der Taille angebunden.

Großer Engel

Höhe ohne Flügel 15 cm,
mit Flügel 23 cm

Kopf:
Neun eingeweichte gleichstarke Halme werden gebündelt und in der Mitte abgebunden. An der Bindestelle werden acht Halme umgeschlagen, so daß alle 16 Halmenden in dieselbe Richtung zeigen.

Rock:
30 eingeweichte gleichstarke Halme bündeln und an einer Seite, ca. 1 cm von den Halmenden entfernt, abbinden. Die 16 Halmenden des Kopfteils werden auseinandergespreizt und das Rockteil, mit der Bindestelle nach oben, eingeschoben. 2,5 cm unterhalb des Kopfes zur Taille abbinden – zwei gegenüberliegende Halme nicht mit einbinden, da an ihnen später die Arme befestigt werden (Zeichnung Seite 44). Die kurzen Halmenden werden knapp unterhalb der Taille schräg abgeschnitten und der Rocksaum (30 Halmenden) mit Bast umflochten.

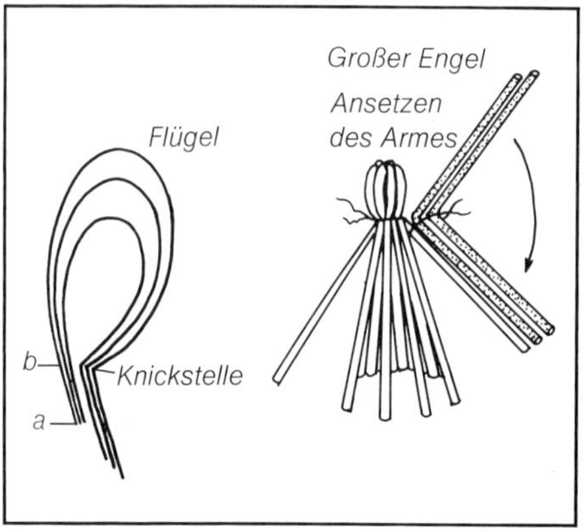

Arme:
Pro Arm zwei 12 cm lange eingeweichte Strohhalme nebeneinanderlegen, in der Halmmitte abbinden und umschlagen.
An den beiden gegenüberliegenden Halmen, die nicht an der Taille befestigt wurden, werden jeweils zwei 11 cm lange eingeweichte Strohhalme angelegt und angebunden (vgl. Zeichnung). Nach 2,5 cm zum Ellbogen und nach weiteren 1,5 cm zum Handgelenk abbinden. Die Halme werden in nassem Zustand gepreßt und anschließend geformt.

Flügel:
Pro Flügel werden 10 Streifen aus gebügeltem Stroh benötigt (0,4 cm breit). Jeweils ein Ende jedes Streifens wird auf eine Länge von 2 cm mit Klebstoff bestrichen. Die Streifen werden wie Bretter „gestapelt" und fest zusammengepreßt. Nach dem Trocknen des Klebstoffs werden die Streifen vorsichtig zwischen Daumen und Zeigefinger durchgezogen, so daß der Strohstreifen sich wölbt.
Nun werden die Streifen so aneinandergeklebt, daß zwischen den einzelnen Streifen stets ein etwa gleich großer Abstand entsteht. Begonnen wird mit den beiden untersten Streifen. Wenn die Klebestelle trocken ist, wird der dritte, dann der vierte Streifen etc. angeklebt. Beide Flügel werden zusammengebunden und anschließend am Engelhals festgebunden, siehe Bild.

Krippefiguren
durchschnittliche Höhe ca. 11 cm

20 bis 24 eingeweichte mittelstarke Halme bündeln und ca. ½ cm von den Halmenden entfernt an einer Seite abbinden. Alle Halme an der Bindestelle umschlagen. Nach ca. 1 cm zum Kopf abbinden. Nach weiteren 2 cm zur Taille abbinden, jedoch zwei gegenüberliegende Halme nicht einbinden; an ihnen werden jeweils zwei eingeweichte dünne Halme angelegt und wie bei den Engeln Seite 43/44 angebunden (vgl. Zeichnung). Die Halmenden werden umgeschlagen und jeweils nach 2 cm zum Ellbogen und Handgelenk abgebunden.
Kleidung und Kopfbedeckung werden, wie das Bild zeigt, an die Figuren angelegt und mit Faden bzw. Klebstoff befestigt.
Der Engel wird, bis auf die Flügel, genauso wie die Krippefiguren gearbeitet. Für die Flügel werden acht eingeweichte Halme parallel nebeneinandergelegt, in Halmmitte zwischen den Nägeln von Daumen und Zeigefinger zusammengepreßt und abgebunden. Die Flügel werden im Genick festgebunden.

Christkind, Länge 4 cm
6 ca. 8 cm lange eingeweichte dünne Strohhalme bündeln und in der Halmmitte festbinden. Alle Enden der Halme nach einer Seite umschlagen, so daß sich an einer Seite 12 Enden befinden.

Nach 1 cm zum Kopf abbinden. Nach weiteren 2,5 cm erneut abbinden, jedoch zwei gegenüberliegende Halme nicht mit einbinden. An diese beiden Halme wird jeweils ein kurzer Halm angelegt und wie bei den anderen Figuren zu Ellbogen und Handgelenk eingebunden. Der Körper wird bis in Brusthöhe mit hellem Bast umwickelt und mit bunten Streifen aus gebügeltem Stroh verziert.

Krippe:
Das Schnittmuster auf Papier übertragen. An den Seitenwänden zwischen c und d bis zur gestrichelten Linie einschneiden. Die Seitenwände b und c hochschlagen und lt. Zeichnung zusammenkleben. Die Krippe mit gebügelten Strohstreifen bekleben und die Füße aus ganzen Strohhalmen ankleben.

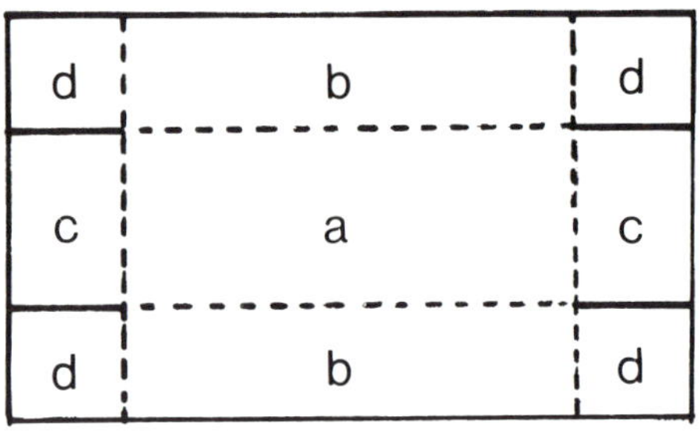

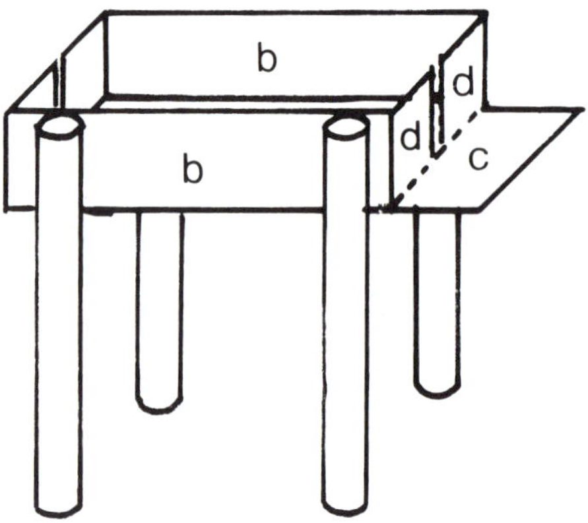

Sterne mit Trockenblumen

Kleiner Stern, 12 cm Ø

Material:
12 gebügelte Strohstreifen, 12 cm lang, 6 mm breit
ca. 13 Trockenblumen (Immortellen o. ä.)

Zwei Sechser-Sterne binden und beide Sterne miteinander verweben. Enden der Strohstreifen zuspitzen.

Großer Stern, 20 cm Ø

Material:
8 eingeweichte dünne, ganze Halme, 20 cm lang
16 eingeweichte dünne, ganze Halme, 16 cm lang
25 cm Borte
ca. 8 Trockenblumen

Aus gleichlangen Halmen zwei Vierersterne mit 20 cm Ø und vier Vierersterne mit 16 cm Ø binden.

Die beiden Sterne, 20 cm Ø, miteinander verweben, ebenso aus den vier Sternen, 16 cm Ø, werden so auf den Stern 20 cm Ø gelegt, daß sich jeweils zwei kurze zwischen zwei langen Strahlen befinden.
Die drei Sterne mittels der Borte zu einem Stern verweben, d.h. die Borte wird abwechselnd über einen Halm, über zwei Halme, über einen Halm etc. geführt. Bortenenden verkleben oder vernähen. Strohblumen aufkleben.

Ketten aus Strohsternen oder Strohkugeln

Ein reizvoller Fensterschmuck für die Adventszeit, der auch den Christbaum ziert. Sehr dekorativ wirken Ketten, die aus Kugeln oder Sternen in unterschiedlichen Größen hergestellt sind.

Strohkugeln

Strohstreifen gleicher Länge und Breite werden zwischen Daumen und Zeigefinger einer Hand durchgezogen, wobei der Daumennagel an der Strohinnenseite entlangfährt. Auf diese Weise erhält der Strohstreifen eine Rundung. Beide Enden des Streifens werden mit einem Tropfen Klebstoff miteinander verbunden und mit einer Pinzette, Büroklammer oder einer kleinen Wäscheklammer bis zum Trocknen zusammengehalten. Je mehr Ringe für die Kugel verarbeitet werden sollen, desto schmaler werden die Strohstreifen geschnitten. Die Ringe nach Belieben ineinanderschieben und mit wenig Klebstoff zusammenkleben.

Strohvogel

Material:
24 eingeweichte gleichstarke Strohhalme, 22 cm lang

Zeichnung 1:
11 gleichstarke, eingeweichte (22 cm lange) Strohhalme werden an einer Seite, ca. 1 cm vom Halmende entfernt, mit einem starken Faden zu einem Bündel zusammengefaßt. Der Faden muß sehr fest angezogen werden.

Zeichnung 2:
Die einzelnen Halme werden an der Bindestelle umgeklappt und nach ca. 2 cm als Kopf abgebunden.

Zeichnung 3:
Für die Flügel werden neun gleichstarke, eingeweichte (22 cm lange) Strohhalme parallel nebeneinandergelegt. Den Faden zum Abbinden vorher in der Mitte unter die Halme legen. Mit der rechten Hand werden die Strohhalme beschwert, während gleichzeitig alle Halme in der Mitte zwischen Daumen und Zeigefinger zusammengepreßt werden. Anschließend die Flügel an der Druckstelle fest abbinden. Vier Halme (auf der Zeichnung schwarz gefärbt) werden in der Mitte geknickt und von rechts, d.h. von vorne auf das Flügelpapier geschoben.

Zeichnung 4:
Nun wird das Halmbündel von Zeichnung 2 gespreizt und das Flügelpaar (Zeichnung 3), bis knapp hinter den Vogelkopf, dazwischengeschoben. Nach ca. 5,5 cm wird der Vogelrumpf abgebunden. Damit der Schwanz wie ein Fächer aussieht, werden sämtliche Halme mit Bast oder Faden umflochten (Zeichnung 5). Zum Schluß werden Schwanz und Flügel zugeschnitten, dazu wird der ganze Vogel am besten nochmals eingeweicht.
Die Flügel können durch dünnere, eingesteckte Strohhalme verlängert werden. Aus braunem Tonpapier werden Schnabel und Augen ausgeschnitten und angeklebt.

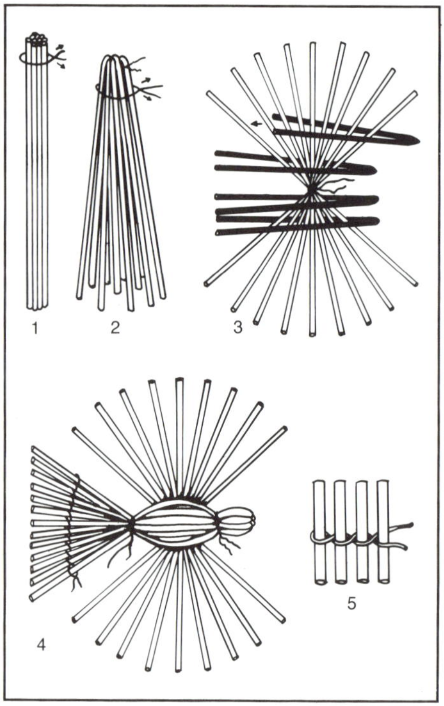